W9-CKI-293

YO MANEJO UNA NIVELADORA

I DRIVE A BULLDOZER

por/by **Sarah Bridges**

ilustrado por/illustrated by **Derrick Alderman & Denise Shea**

traducción/translation: **Dr. Martín Luis Guzmán Ferrer**

PICTURE WINDOW BOOKS

a capstone imprint

Thanks to Roger Carlson, Gene Sebion, Jerry Valentine, Steve Dale, Wayne Pederson,
and Andy Anderson of the Local Union 49 in Rosemount, Minnesota—S.B.

Thanks to our advisers for their expertise, research, and advice:

Tom Jackson, Executive Editor of *Equipment World*
Tuscaloosa, Alabama

Susan Kesselring, M.A., Literacy Educator
Rosemount-Apple Valley-Eagan (Minnesota) School District

Editors: Brenda Haugen, Christianne Jones
Spanish Copy Editor: Adalín Torres-Zayas
Set Designer: Nathan Gassman
Designer: Eric Manske
Production Specialist: Jane Klenk
Storyboard development: Amy Bailey Muehlenhardt
The illustrations in this book were rendered digitally.

Picture Window Books
151 Good Counsel Drive
P.O. Box 669
Mankato, MN 56002-0669
877-845-8392
www.capstonepub.com

Library of Congress Cataloging-in-Publication Data
Bridges, Sarah.
    [I drive a bulldozer. Spanish & English]
    Yo manejo una niveladora / por Sarah Bridges = I drive a
bulldozer / by Sarah Bridges.
        p. cm. —(Picture Window bilingüe, bilingual)
(Vehículos de trabajo = Working wheels)
    Includes index.
    Summary: "Describes and illustrates how a bulldozer is
operated—in both English and Spanish"—Provided by publisher.
    ISBN 978-1-4048-6300-2 (library binding)
    1. Earthmoving machinery. I. Title. II. Title: I drive a bulldozer.
TA725.B68418 2011
624.1'52—dc22
                                                    2010009868

Printed in the United States of America in North Mankato, Minnesota.
012011 006047R

3

My name is Noah, and I drive a bulldozer. I put on my hard hat, steel-toed boots, earplugs, and vest. These things help keep me safe.

Me llamo Noé, y yo manejo una niveladora. Me pongo mi casco duro, botas con puntas de acero, tapones para los oídos y un chaleco. Estas cosas son para mi seguridad.

Earplugs protect a driver's ears from the loud noise the bulldozer makes.

Los tapones para los oídos protegen al conductor de los ruidos fuertes que hace la niveladora.

I add some grease to the place where the blade moves. I also check all the gears. My bulldozer is ready to go!

Le pongo más grasa a los lugares por donde se mueven las cuchillas. También reviso todos los embragues. ¡Mi niveladora ya está lista!

Birds and raccoons like to hide underneath bulldozers to keep warm. Drivers check underneath each bulldozer to make sure nothing is hiding before the engine is started.

I grab the side handles and pull myself into the driver's seat. It's a long way up!

Me agarro de las asas laterales y me subo al asiento del conductor. ¡El asiento está muy alto!

A los pájaros y los mapaches les gusta esconderse debajo de las niveladoras para mantenerse calentitos. Antes de encender el motor, el conductor debe revisar debajo de la niveladora para asegurarse que no haya nada escondido.

My bulldozer **roars** to life when I turn the key. It is so noisy, I can't hear anything but the growl of the engine.

Mi niveladora **ruje** cuando la pongo en marcha con la llave del motor. Es tan ruidoso que no puedo oír otra cosa que el gruñido del motor.

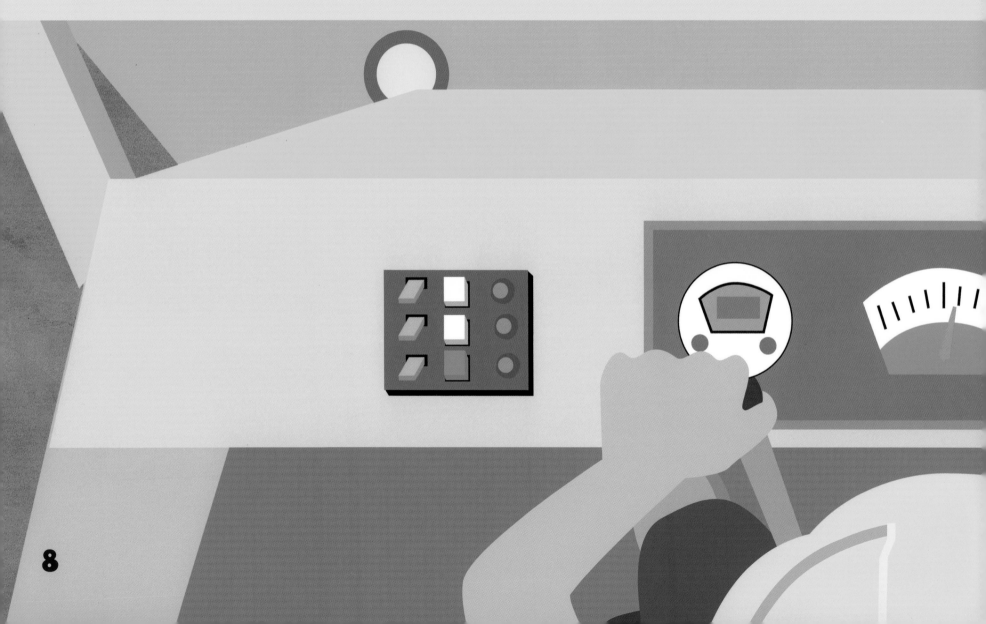

My bulldozer beeps when I back up. The beeping lets people know they need to move out of the way. I move the levers to put my bulldozer in motion.

Mi niveladora pita cuando la pongo en reversa. Los pitidos son para que la gente se quite de mi camino. Muevo las palancas para poner en marcha a mi niveladora.

Most bulldozers have tracks instead of wheels. They only move about 4 miles (6.4 kilometers) per hour.

La mayoría de las niveladoras tienen orugas en lugar de ruedas. Solamente se mueven como a 4 millas (6.4 kilómetros) por hora.

My bulldozer's main job is to move dirt to make way for roads, bridges, or buildings.

El principal trabajo de las niveladoras es quitar la tierra para hacer carreteras, puentes o edificios.

I lower the blade to scrape the ground as I drive forward. If I move the lever forward, the blade digs **deeper** into the earth.

Yo bajo las cuchilla para remover la tierra según avanza la máquina. Si muevo la palanca hacia adelante, la cuchilla cava más **profundo** en la tierra.

Animals like the smell of fresh dirt. Animal tracks often are found at work sites the morning after bulldozers have moved dirt.

A los animales les gusta el olor a tierra fresca. Frecuentemente, por las mañanas hay huellas de animales en los sitios donde las niveladoras han removido tierra.

11

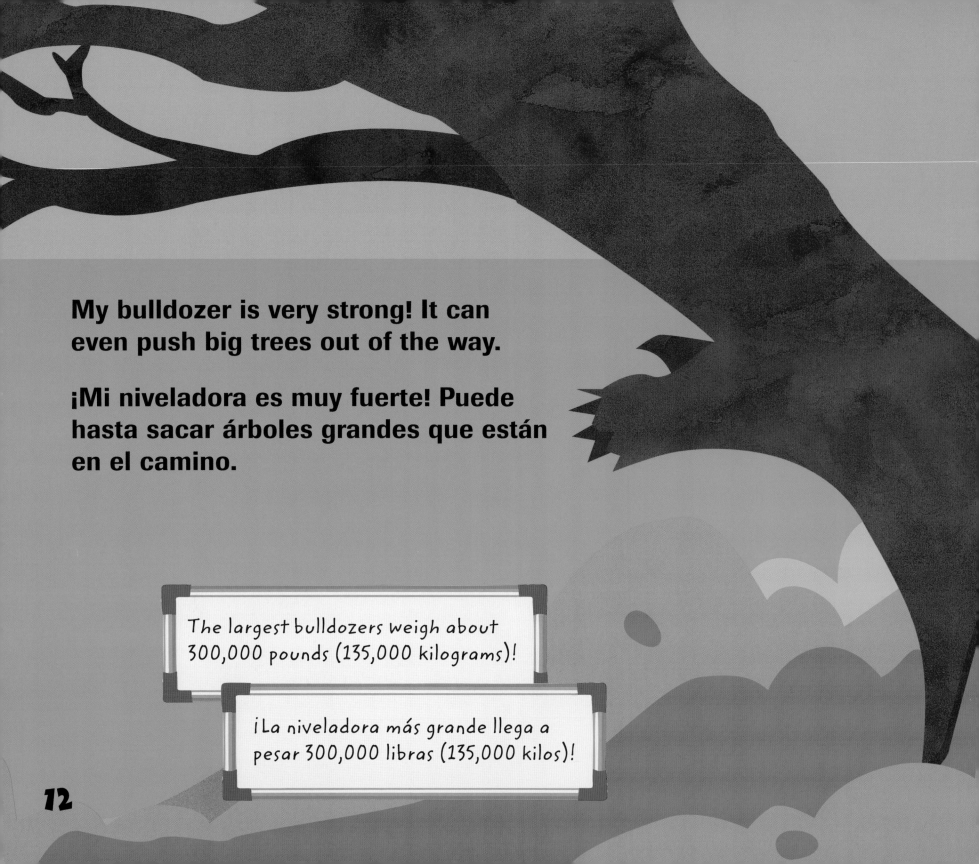

My bulldozer is very strong! It can even push big trees out of the way.

¡Mi niveladora es muy fuerte! Puede hasta sacar árboles grandes que están en el camino.

The largest bulldozers weigh about 300,000 pounds (135,000 kilograms)!

¡La niveladora más grande llega a pesar 300,000 libras (135,000 kilos)!

12

My bulldozer clears dirt and bushes. Then other machines can make roads and buildings.

Mi niveladora quita la tierra y las plantas. Después otras máquinas pueden construir ahí carreteras y edificios.

13

My bulldozer does not have a cab, so I feel the outside air. On hot days, I am sweaty. On cold days, I am chilly.

Mi niveladora no tiene cabina, por eso siento el aire del exterior. En los días calurosos, sudo. En los días fríos, me dan escalofríos.

All day long my seat wiggles. I smell a mixture of fresh dirt and diesel fuel.

Durante todo el día mi asiento se menea. Yo huelo una mezcla de tierra fresca y combustible diesel.

Most new bulldozers have cabs with air conditioning and heaters. However, many older bulldozer cabs are still open.

La mayoría de las niveladoras nuevas tienen cabinas con aire acondicionado y calefacción. Pero, en muchas niveladoras viejas las cabinas todavía son abiertas.

15

When I am clearing the land for a road, I must keep my blade level. The road will be **bumpy** and **lumpy** if I move the blade too much.

Cuando estoy removiendo la tierra para hacer una carretera, tengo que mantener la cuchilla nivelada. La carretera puede quedar llena de **baches** y **dispareja** si muevo demasiado la cuchilla.

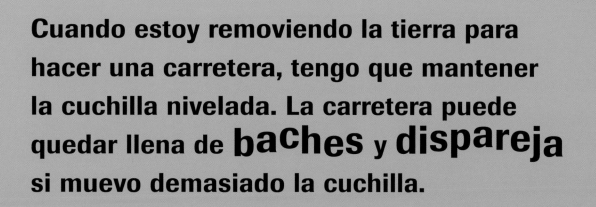

A bulldozer blade can claw through rocks and frozen ground.

La cuchilla de una niveladora puede romper a través de rocas y suelos congelados.

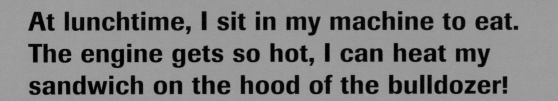

At lunchtime, I sit in my machine to eat.
The engine gets so hot, I can heat my
sandwich on the hood of the bulldozer!

A la hora del almuerzo, me siento en mi
máquina a comer. El motor se calienta
tanto, que hasta puedo calentar mi
sándwich en la capota de la niveladora.

Driving a bulldozer is hard work and can be dangerous. The bulldozer driver has to pay close attention all the time, even during lunch!

Manejar una niveladora es un trabajo pesado y además puede ser peligroso. El conductor tiene que estar muy atento todo el tiempo, hasta durante el almuerzo.

19

When I am done for the day,
I lower my bulldozer's blade.

Cuando termino mi trabajo del día,
bajo la cuchilla de mi niveladora.

I let my machine cool down. Then I
climb off and clean the tracks. My
machine is ready for the next day.

Dejo que el motor se enfríe. Luego
me bajo y limpio las orugas. Mi
máquina ya está lista para el
día siguiente.

Dirt left on the tracks will freeze
when it is very cold. Then the tracks
won't move.

Si se queda tierra en las orugas, se
puede congelar cuando hace mucho frío.
Entonces la niveladora no podrá moverse.

BULLDOZER DIAGRAM/ DIAGRAMA DE LA NIVELADORA

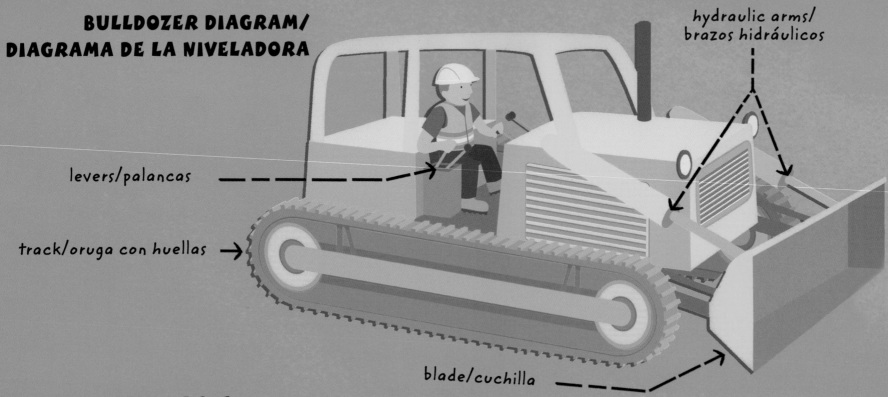

hydraulic arms/ brazos hidráulicos

levers/palancas

track/oruga con huellas

blade/cuchilla

FUN FACTS

 Bulldozers come in all different sizes. Some are smaller than a car, and others are almost as tall as a basketball hoop!

 Bulldozers were created soon after cars were invented. As more automobiles were driven, new roads were needed. Bulldozers helped build these new roads.

DATOS DIVERTIDOS

 Las niveladoras vienen en diferentes tamaños. Algunas son tan pequeñas como un coche, otras son casi tan altas como el aro de baloncesto.

 Las niveladoras se inventaron justo después de los coches. Como cada vez había más automóviles, se necesitaban nuevas carreteras. Las niveladoras ayudaron a construir esas nuevas carreteras.

GLOSSARY

blade—the metal rectangle on the front of the bulldozer that moves the dirt

engine—the part of the bulldozer that makes it run

hydraulic arms—the parts of the bulldozer that make the blade move up and down

lever—a bar or handle used to make the bulldozer move

track—a metal chain that turns on a rectangular wheel that makes the bulldozer move

GLOSARIO

los brazos hidráulicos—la parte de la niveladora que hace que la cuchilla suba y baje

la cuchilla—rectángulo de metal en el frente de la niveladora que quita la tierra

el motor—la parte de la niveladora que hace que se mueva

la oruga—cadena de metal que da vuelta sobre una rueda rectangular y hace que
la niveladora se mueva

la palanca—barra o mango para hacer que la niveladora se mueva

INTERNET SITES

FactHound offers a safe, fun way to find Internet sites related to this book. All of the sites on FactHound have been researched by our staff.

Here's all you do:

Visit www.facthound.com

Type in this code: 9781404863002

SITIOS DE INTERNET

FactHound brinda una forma segura y divertida de encontrar sitios de Internet relacionados con este libro. Todos los sitios en FactH ound han sido investigados por nuestro personal.

Esto es todo lo que tienes que hacer:

Visita www.facthound.com

Ingresa este código: 9781404863002

INDEX

blade, 6, 10, 16, 17, 20
boots, 4
cab, 14, 15
earplugs, 4, 5
engine, 6, 8, 18
fuel, 15

gears, 6
hard hat, 4
levers, 9, 10
tracks, 9, 20
vest, 4

ÍNDICE

botas, 5
cabina, 14, 15
casco duro, 5
chaleco, 5
combustible, 15
cuchillas, 6, 10, 17, 20

embragues, 6
motor, 6, 8, 18
orugas, 9, 20
palancas, 9, 10
tapones de oídos, 5